Les mots ont des visages

tome 2

Littératures

Collection dirigée par Henry Dougier

Des lectures, des récits qui traversent la vie, éclairent sur l'autre et sur nous-mêmes, en jouant, par drames et destins interposés, leur grande fonction de fabulation et de tendresse.
Que serions-nous sans ce cercle intime de personnages complices, sans ces histoires qu'on lit et relit d'une lecture affective, un peu somnambule ?

Illustration de couverture :
© Joël Guenoun.

Joël Guenoun

Les mots ont des visages

tome 2

Éditions Autrement **Littératures**

Préface

On a bien tort de penser que tous les mots se ressemblent, et qu'il faut oublier de les voir pour mieux les lire.

C'est ainsi que l'écriture alphabétique nous a imposé d'en user avec eux, en les obligeant à s'aligner lettre à lettre et phrase à phrase sur la page des livres et des journaux. Notre esprit impatient et rationnel a fait le reste, préoccupé de les abandonner chacun au plus vite afin d'atteindre le suivant, comme si ce qu'ils avaient à nous dire ne pouvait se comprendre qu'en les fuyant.

À contempler chaque mot isolément, avec l'attention et le respect que requiert cette figure étrange qui combine en un même objet une parole et sa légende, nous devons admettre, au contraire, qu'il possède un secret qui lui est propre, un secret qui tient à lui de façon particulière, et qui ne demande, en fait, qu'à être explicité.

Mais il faut, pour aider les mots à nous révéler leur vérité, être soi-même un devin, ou un artiste. Car il ne s'agit pas simplement d'être capable de lire des signes dans les traces rudimentaires qui servent à construire nos lettres, il importe, ce qui est assurément plus difficile, de savoir déceler ces signes dans l'intimité de chaque mot et de permettre à des lecteurs qui ne les avaient pas reconnus de les découvrir à leur tour. Cela est affaire de regard, et d'imagination. Certains esprits sont mieux doués que d'autres pour déchiffrer le secret visible présent à l'intérieur des mots et pour l'amener à cette lumière douce et encore brumeuse où notre lecture reste imprégnée du souvenir de nos rêves.

Aussi existe-t-il plusieurs types de *devins des mots*. Certains ne peuvent identifier un signe que dans telle lettre privilégiée, dont il leur suffit de modifier l'angle de vue ou les proportions pour transformer ce mot en son image, comme l'a fait Guy Lévis-Mano dans *Le Livre d'aubes*. D'autres, qui désirent garder aux mots leur unité, choisissent de les développer en phrases, ou en poèmes, que le regard du lecteur devra épeler signe à signe comme s'il suivait le contour d'un objet mystérieux : tels sont les *Calligrammes* d'Apollinaire. La méthode utilisée par Michel Leiris est encore différente nouant les mots en images-phrases où ils s'affrontent et se commentent seul à seul.

Joël Guenoun aborde les mots en imagier. Sa méthode consiste à prendre le mot tel que l'offrent les dictionnaires, accompagné d'une définition qui nous alerte de façon sommaire sur son sens, puis d'en extraire la figure dont il pense qu'elle le signifie intimement - l'image qui était première dans ce mot et que l'on avait oubliée, ou que l'on avait manqué de voir à force de n'être sensible qu'à ses composantes sonores - et, enfin, de confronter cette image révélatrice avec ce que sa définition nous en laissait deviner.

À comparer entre eux les mots ainsi *imagés* par Joël Guenoun, on constate que leur figure secrète se forme pour chacun d'eux d'une manière différente. Dans les livres, les fantaisies sévères de l'orthographe ne parviennent guère à rendre originale la physionomie d'un mot, sinon afin de mettre en valeur la rareté des plus vénérables. Ici, ils possèdent chacun un visage qui lui est propre. Pourtant, la genèse de ce visage obéit elle-même toujours à un principe identique, le surgissement d'une figure au milieu des lettres du mot. C'est une serrure dans le mot « serrure », un linge qui flotte dans le mot « vent », une série de barreaux dans le mot « échelle ». Comme s'il s'était avéré indispensable, pour éveiller la conscience du lecteur au sentiment de l'existence d'un mot, de brutaliser sa lecture en commettant l'acte sacrilège entre tous à son égard de métisser l'alphabet - ce comptable sourcilleux des sons les plus purs de la langue - avec de petits dessins comme en imaginent les enfants qui n'ont pas encore appris à lire ni à écrire.

Lorsqu'on les observe d'un peu plus près, on s'aperçoit cependant que ces dessins ne sont pas aussi inattendus qu'on avait pu le penser de prime abord. Ils ne sont eux-mêmes chacun que des lettres métamorphosées en images. La serrure de « serrure » enferme en elle les deux « r » qui sont au centre du mot, le linge accroché sur un fil par deux pinces dans le mot « vent » y a pris la place du « e », les barreaux de l'« échelle » ne sont autres que les barres de ses « e » lorsque l'on écrit le mot en capitales. Les surprises nées de l'évidence se multiplient, dans ce volume, à l'infini. Certaines sont aussi fugitives que décisives, comme ce déplacement d'un point sur l'« i » qui suffit à nous faire passer d'« infime » à « infinie », d'autres amusantes comme cette « horloge » où le « l » inscrit son heure dans le gras d'un « o », ou émouvantes comme la « fenêtre », qui fait apparaître au coin de l'un de ses carreaux l'oiseau de son accent circonflexe, ou encore comme le soleil qui se lève entre le « d » et le « e » du mot « debout » - d'autres graves enfin, comme le « w » barbelé qui se redouble dans « Auschwitz ». Mais le procédé peut s'inverser, et tel visage aux mèches orageuses se révéler la transcription littérale d'un nom - Jackson.

Jeu ? Paradoxe ? Nécessité ? Leçon d'écriture en tout cas, qui nous apprend à remonter de notre système abstrait vers celui qui se situe aux origines de son histoire, où les mots n'étaient que des images. On a donné à ces mots le nom d'« idéogrammes », et ils sont toujours en usage en Chine et au Japon.

*Anne-Marie Christin**

* Professeur à l'université Paris VII-Denis Diderot, où elle a créé le Centre d'étude de l'écriture, laboratoire associé avec le CNRS. Elle est spécialiste de Fromentin (*Fromentin, conteur d'espace*, le Sycomore 1982 ; édition de *Dominique* à l'Imprimerie nationale, 1988), et a dirigé plusieurs ouvrages collectifs traitant des formes visuelles de l'écriture (*L'Espace et la lettre*, UGE, 10/18, 1977 ; *Écritures*, le Sycomore, 1982 ; *Écritures II*, le Sycomore 1985 ; section « Espaces de l'écrit » du *Grand Atlas des littératures*, Encyclopædia universalis, 1990 ; *Écrire, voir, conter, Textuel*, n° 25, Université Paris VII, 1993).
Elle a publié en 1995, *L'image écrite ou la déraison graphique*, Flammarion, coll. « Idées et recherches » et doit faire paraître en 1997 chez le même éditeur deux ouvrages collectifs : *Histoire de l'écriture, de la mythographie au multimédia* et *L'écriture du nom propre*, actes du colloque du CEE et de la BNF de 1993.

Remerciements à SIGNUM ART pour l'utilisation des polices de caractères de la collection FontHaus.

Oui ! criaient les mots sublimes,
Fuyons ! Devenons les choses
Dont nous n'étions que les noms !
Devenons de l'air... des roses...
De la brume et des rayons !

Edmond Rostand

interj. Levez-vous !

DEBOUT !

n. f. Appareil qui ferme au moyen d'une clé.

n. f. Arme faite d'une longue lame d'acier pointue.

n. m. Maillot à manches courtes et à encolure à ras du cou.

adj. Qui a huit angles.

FERMETURECLAIR

n. f.
Fermeture
à glissière
munie de
dents.

n. f. Astre fixe qui brille de sa propre lumière.

étoile

n. m. Courbe plane fermée dont tous les points sont à égale distance.

cercle

n. f. Instrument pour peser.

balance

Fils de Thétis et Pelée, personnage central de *l'Iliade*. Il n'était vulnérable qu'au talon.

Achille

(Vaslav), danseur
russe d'origine
polonaise
(1890-1950).

v. tr. Insérer, loger quelque chose dans un objet ou une surface exactement taillés ou creusés à cet effet. **V. Emboîter, enchâsser, enclaver.**

ENCASTRER

n. m. Petite tige métallique, pointue à un bout, aplatie à l'autre, et servant à fixer ou à suspendre.

CLOU

n. f. fam. Fait d'être battu. **V. Raclée, trempe, volée.**

dérouillée

n. f. Partie en verre d'une lampe électrique.

ampoule

n. m. Activité d'achat et de revente de marchandises sur les marchés internationaux.

négoce

n. m. Signe de ponctuation.

point virgule

n. m. Partie cornée qui couvre le dessus des doigts.

ongle

adj. Qui touche à autre chose. **V. Accolée, attenante, voisine.**

CONTIGUË

infime

adj. Minuscule,
imperceptible.

infinie

adj. Démesurée,
illimitée, immense.

v. tr. ind. [à] Se soumettre à la volonté de quelqu'un, à un règlement.

Lac d'Écosse célèbre pour son hypothétique Monstre .

Nouvelle de Dino Buzzati.

Staline

(Joseph), homme politique soviétique (1879-1953). Il succéda à Lénine en 1924. *Grande terreur stalinienne* : **1 million de fusillés**.

ROMEO & JULIETTE

Drame en
cinq actes de
Shakespeare
(1594).

adj. Éloignés l'un de l'autre.

n. f. État de tristesse vague.

(Alessandro), physicien italien (Côme 1745-id. 1827), inventeur de la pile électrique (1800).

adj. Que l'on a quitté, laissé définitivement.

TCHERNOBYL

Ville d'Ukraine. Centrale nucléaire.

n. m. Grand conifère des montagnes d'Europe.

n. m. Abri que les oiseaux se construisent pour y pondre, couver leurs œufs et élever leurs petits.

n. m. Ligne circulaire dont l'observateur est le centre et où le ciel et la terre semblent se joindre.

Personnage créé par Conan Doyle, héros de la célèbre série de romans policiers *Les Aventures de Sherlock Holmes* (1891-1927).

Joueur américain de tennis.

(Charles), acteur et cinéaste britannique, créateur du personnage de *Charlot* (1889-1977).

(sir Alfred), cinéaste américain d'origine britannique (1899-1980).

(Winston), homme politique britannique (1874-1965).

Guitariste et chanteur américain de musique pop (1945-1970).

(Gina), actrice italienne (née en 1927) alliant la sensualité à la vivacité.

SOLIDE

→ ←

SOUDE

v. tr. Unit étroitement afin de rendre solide.

n. m. Pâtisserie à base de farine, de beurre, d'œufs et de sucre.

Gâteau

n. f. Cri, parole brusque exprimant de manière spontanée une émotion, un sentiment.

EXCLAMATION

YOUGOSLAVIE

E U

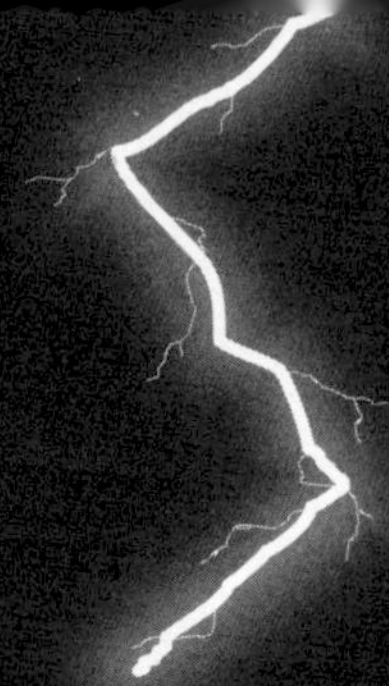

Dieu suprême du
panthéon grec. Son attribut
est la foudre.

adv. En altitude, à un degré élevé.

HAUT

n. m. Incertitude, irrésolution.

doute

n.m. Organe de la vue.

OeIL

FICTION

n. f. Ce que l'on imagine.

ACTION

n. f. Ce que l'on fait.

adv. et conj. (Interrog. dir.) Pour quelle raison, dans quelle intention ?

v. tr. Faire voir. *Montrer du doigt.*

n. f. Reproduction et diffusion d'une œuvre intellectuelle ou artistique par un éditeur.

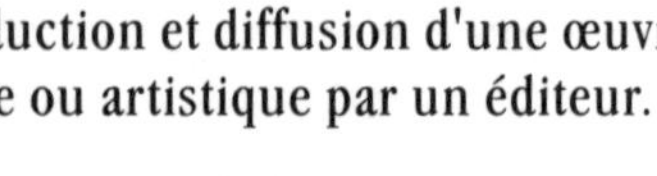

PHILOSOPHE

adj. Qui montre de la sagesse, de la fermeté d'âme, du détachement.

n. m. Admiration de soi-même.

n. f. Traces en creux ou en relief laissées par un corps sur une surface.

Personnage biblique. Fils aîné d'Adam et Ève. Il tue son frère Abel et est condamné à fuir perpétuellement. *L'œil était dans la tombe et regardait Caïn* (V. Hugo).

(en) *loc. adv.* Dans une direction opposée au sens de la marche normale ou du regard.

S. FREUD

(Sigmund),

médecin

autrichien

(1856-1939),

fondateur de la

psychanalyse.

AUSCHXXXXITZ

Ville de Pologne,
le plus grand camp
d'extermination nazi.
4 millions de victimes
entre 1940 et 1945.

n. f. Chandelle de cire à mèche tressée.

n. f. Cercles concentriques, but que l'on vise.

n. f. Fait de vivre.

v. intr. [to] Cesser de vivre (en anglais).

attendre
attendre
attendre
attendre
attendre
attendre
attendre
attendre
attendre
attendre

v. intr. Ne rien faire. **V. Traînasser.**

(Herbert von), Chef d'orchestre autrichien (1908-1989).

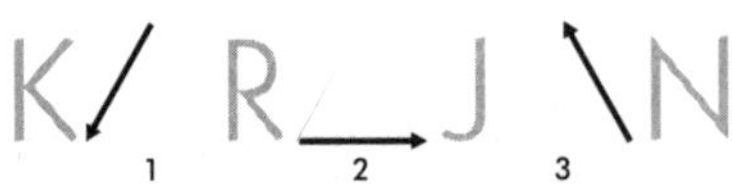

adj. num. card. Trois (en anglais).

n. f. Instrument en métal, dont on tire des sons par un battant placé au milieu.

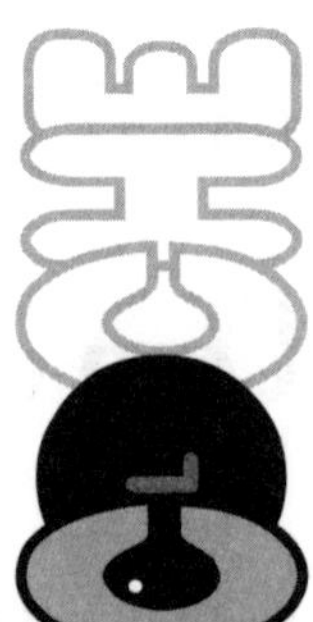

n. f. Appareil destiné à indiquer l'heure.

n. f. Dispositif composé de deux montants reliés entre eux par des barreaux.

(Charles), aviateur américain (1902-1974).

n. m. Bâtiments à plusieurs étages.

(Le Cuirassé), film soviétique de Sergueï Eisenstein (1925).

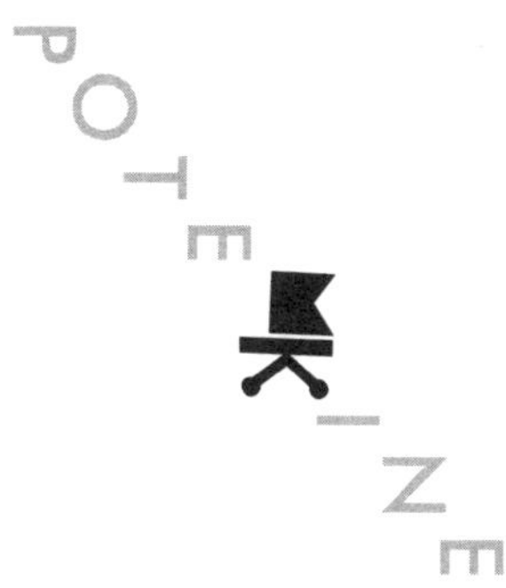

(comète de).

Astronaute américain. Avec la mission Apollo XI, il fut le premier homme à mettre le pied sur la lune en 1969.

(Appel du), lancé par Charles de Gaulle pour la continuation de la lutte contre les forces de l'Axe.

adj. Qui est dans un état de tristesse.

n. f. Passage étroit.

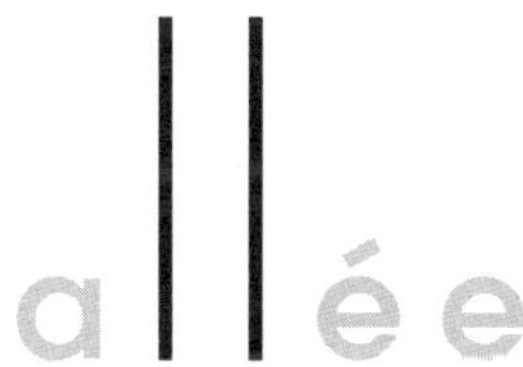

n. m. Qui est atteint d'astigmatisme.

adj. Qui est situé du côté opposé à celui du cœur de l'observateur.

adj. Qui est situé du côté du cœur de l'observateur.

Virus tenu pour l'agent responsable du sida en faisant chuter brutalement les défenses immunitaires de l'organisme.

"Pas nous" (en anglais).

n. f. Injection médicamenteuse.

n. m. Très grave maladie virale transmissible par voie sexuelle et sanguine.

FENÊTRE

n. f. Ouverture dans un mur pour donner du jour et de l'air.

n. f. Assemblage de bois qui sert à fermer l'entrée d'une maison, d'une chambre etc.

n. m. Personne qui trahit. **Fourbe, hypocrite, traître.**

Judas

Année de la destruction du mur de Berlin (novembre) laissant place à une libre circulation dans la ville réunifiée.

n. m. Boisson obtenue par infusion de grains torréfiés et moulus.

n. m. Fruit de l'abricotier, à noyau, à chair et peau jaune orangé.

n. m. Boisson alcoolisée obtenue par la fermentation du raisin.

ŒUF

n. m. Corps
arrondi,
protégé par
une coquille,
que produisent
les femelles
des oiseaux.

Germe

n. m. Origine de quelque chose.

terme

n. m. Fin de quelque chose.

n. m. Sac d'écolier.

n. m. Assemblage d'un assez grand nombre de feuilles, portant des signes destinés à être lus.

n. f. Tige de bois ou de carton imprégnée à une extrémité d'un produit susceptible de s'enflammer par friction.

CRAYON

n. m. Bâtonnet de bois renfermant une mine de graphite et servant à écrire, à dessiner...

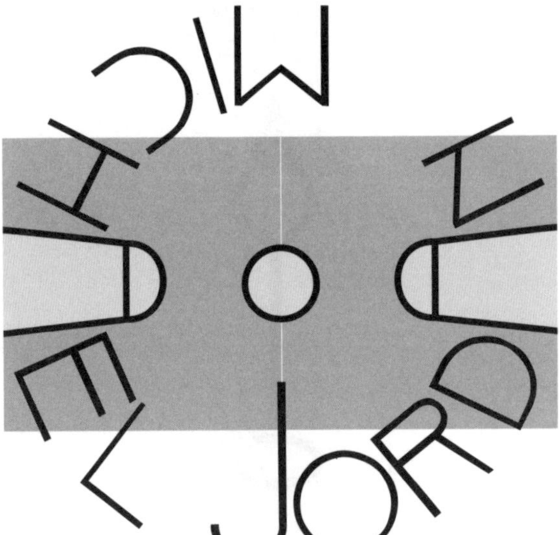

Joueur américain de basket-ball.

(Michaël), chanteur américain (né en 1958).

United States of America. État fédéral de l'Amérique du nord; 9 364 000 km^2; **4517 km d'est en ouest.**

Firme internationale de restauration rapide.

n. m. Prospection auprès d'une clientèle au moyen de documents expédiés par la poste.

adj. Irrité, agacé.

n. m. Meuble de rangement en forme de caisse qui s'ouvre en soulevant le couvercle.

adj. Qui n'est pas semblable.

différent

adj. et n. Qui manque de courage.

PeuREUX

n. m. Opération par laquelle on adopte une loi.

VOTE

VETO

n. m. inv. Institution par laquelle une autorité peut s'opposer à l'entrée en vigueur d'une loi.

n. f. Insecte archiptère aux ailes longues et transparentes.

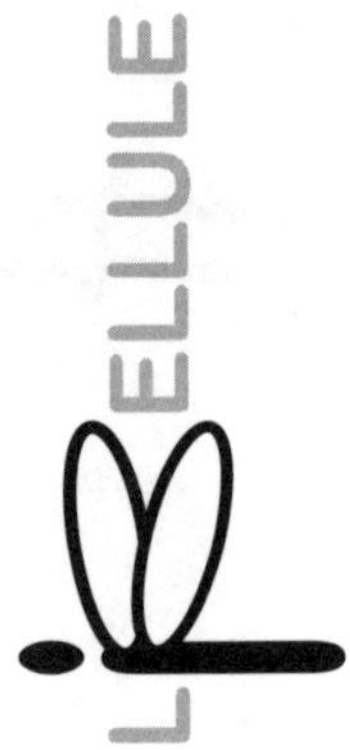

Gaz dont la molécule se compose de trois atomes d'oxygène (**O_3**).

interj. et n. m. (Lang. enfantin) Bruit de pet.

n. m. Mouvement de l'air
dû à des différences
de pression.

(de Jésus, dite sainte Thérèse d'Avila), carmélite et mystique espagnole (1515-1582). Elle rêva d'aller en terre sainte pour y souffrir le martyre.

Astronome polonais (1473-1543). Il fit l'hypothèse du mouvement des planètes autour du soleil.

(Galileo Galilei dit), physicien et astronome italien (1564-1642). Il formula la loi concernant la chute des corps dans le vide.

PASTEUR
LOUIS

Chimiste et
biologiste
français
(1822-1895).
Il a découvert
le vaccin
contre la
rage.

n. f. Petit insecte coléoptère.

coccinelle

adj. Qui se complètent.

COMPLÉMENTAIRES

n. f. Simplicité et franchise naturelle dans l'expression.

naïveté

Daphnis & Chloé

Roman pastoral de
Longus (IIIe s. ap. J.-C.).
L'amour de deux
enfants dans une nature
paisible et clémente.

n. m. Ouverture, cavité naturelle ou artificielle dans un corps, un objet.

n. f. Mammifère marin voisin du phoque.

(Jimmy), joueur américain de tennis.

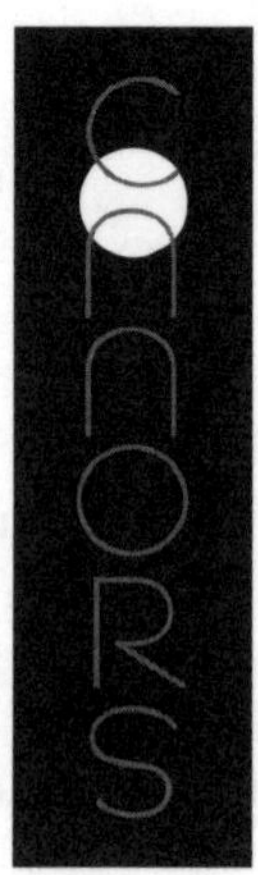

n. f. Grand bassin pour la natation.

adj. Inutile.

FUTILE

n. m. Jeu qui consiste à envoyer une balle dans une série de trous répartis sur un terrain.

miraCle

n. m. Fait extraordinaire où l'on croit reconnaître une intervention divine bienveillante.

miraGe

n. m. Illusion,
apparence séduisante et
trompeuse.

Série de rencontres sportives internationales réservées aux meilleurs athlètes amateurs, et ayant lieu tous les quatre ans.

JEUX OLYMPIQUES

(William Frederick Cody, dit*)* aventurier américain (1846-1917).

Buffalo Bill

n. f. Heureuse issue d'une lutte, une compétition, pour la personne qui a eu l'avantage. **V. Succès, triomphe.**

Victoire

Personnage de
bande dessinée
créé en 1939 par
Bob Kane (né en
1916).

Eve

La première femme (Bible).

Le premier homme (Bible).

*ma*ADAM*e*

(Sophia), actrice italienne dc tempérament (née en 1934). Elle fut la grande star du cinéma italien après la guerre.

(le), volcan d'Italie, près de Naples.

adj. Qui fait habituellement le bien par bonté ; qui a des vertus, des qualités morales.

*ver*TUEUSE

Cantatrice grecque (1923-1977).

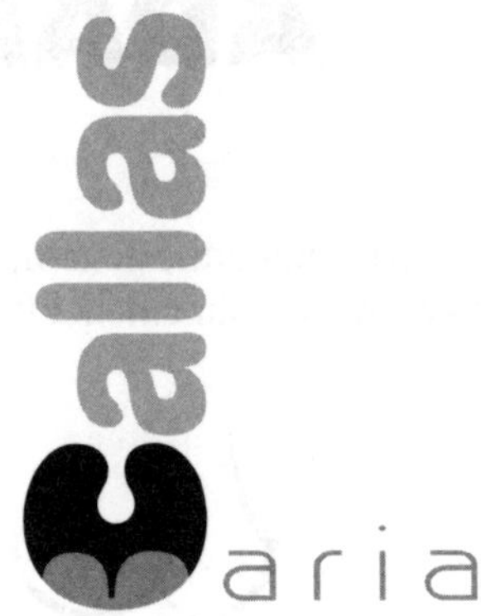

n. m. Mâle de la brebis.

État du nord de l'Amérique, membre du Commonwealth; 9 975 000 km². Cap. *Ottawa*.

adj. Qui inspire un sentiment de sombre tristesse.

n. m. Attaque criminelle contre des personnes.

Ville d'Ukraine. Centrale nucléaire.

n. f. Sentiment de bonheur.

n. m. Partie d'une chose qui est à égale distance de ses bords.

Lanceur spacial européen.

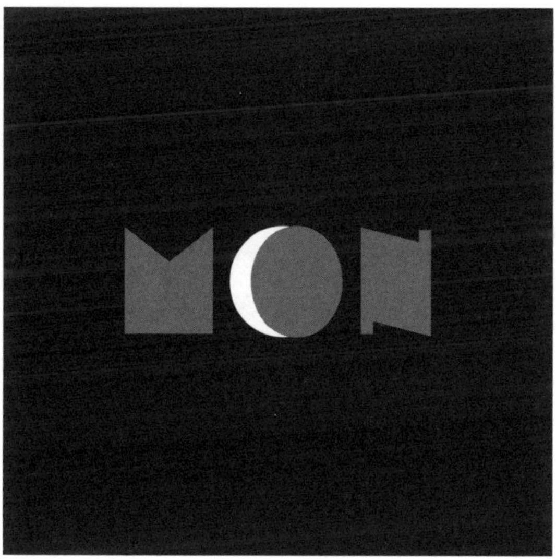

n. f. Lune (en anglais).

honneur

n. f. Dignité morale.

(Adolf), dictateur allemand, chef du parti nazi (1889-1945). Au pouvoir en 1933, il déclencha la Seconde Guerre mondiale par sa politique expansionniste.

Formation de police militarisée du parti nazi.

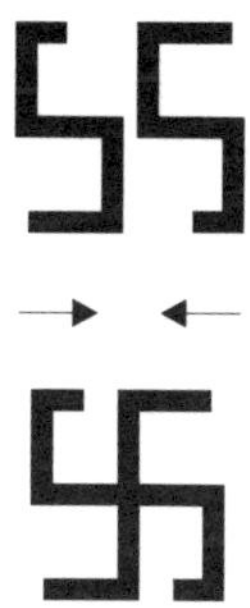

Dernier siècle du deuxième millénaire.

Première année
du XXIe siècle.

?...

Index des tomes 1 et 2

Du même auteur

Les mots ont des visages, tome 1, préface de Gérald Cahen, éditions Autrement, collection Littératures, 1995.

Achevé d'imprimer en février 1997 sur les presses de l'imprimerie Corlet à Condé-sur-Noireau (Calvados) pour le compte des Éditions Autrement, 17, rue du Louvre, 75001 Paris. Tél. : 01 40 26 06 06. Fax : 01 40 26 00 26.
N° d'imprimeur : 22155. ISBN : 2-86260-694-4. ISSN : 1248-4873.
Dépôt légal : 1er trimestre 1997.